Bonheur du Ménage

Ⓒ

V

32595

Le Bonheur du Ménage,

RECETTES ÉCONOMIQUES ET INTÉRESSANTES.

Nota. Les diverses Fournitures, autres que les Plantes connues, doivent êtres prises chez le Pharmacien.

Pour nettoyer les vieux Cadres.

Une once d'essence de térébenthine, une demi-once d'esprit-de-vin ; mélangez le tout. Avec du coton, lavez vos cadres avec ce mélange, et passez-y une couche de térébenthine seule. S'il y a des taches, lavez avec de l'esprit seul, et passez-y ensuite de l'essence de térébenthine. Si ces taches sont trop difficiles à enlever, lavez-les avec de la teinture de cali, passez-y un vernis comdosé d'une once et demie de mastic choisi dissous dans 4 onces de térébenthine.

Élixir de longue vie, précieuse liqueur de table après le repas.

Cet élixir se fait comme suit : Faites infuser pendant huit jours, passez ensuite au filtre : un demi-litre d'esprit-de-vin à 33 degrés, un litre d'eau-de-vie à

1849

22 degrés, une once d'aloès succotrin, un gros de zéodoria' un gros de gentiane, 2 gros de rhubarrbe, d'agaria (ou d'agaric) blanc, une demi-once de thériaque de Venise, 2 gros de safran.

Pour faire de la glace.

Une once de nitrate de potasse, une once de muriate d'ammoniac, une once et demie de sulfate de soude : ces substances, bien pilées et mélangées dans 2 onces et demie d'eau, donnent de la glace en dix minutes.

Pastilles pour embaumer les Appartements.

On prend une demi-livre de charbon de boulanger, pilé une demi-once de benjoin, 1 gros de storax, 1 gros de baume du Pérou ; avec de l'eau de gomme on fait une pâte du tout.

Lait de carmin pour la toilette des Dames.

Une livre de jus d'oignon, 2 onces étrace du Levant, une demi-once essence de jasmin, une demi-once esprit de rose ; le tout infusé pendant 24 heures ; on filtre et on met en bouteilles. Ce lait rend la peau blanche, fine, et enlève les rousseurs.

Opiat pour les Dents.

On pile et tamise une demi-once de pierre-ponce, une demi-once de terre sigillée, 3 gros de corail rouge préparé, 2 gros de sandragon, 1 gros d'acide tartarique, 1 demi-gros de poudre de rose, 2 gros de clous de girofle, 2 gros de cannelle; on pile bien le tout et on le passe au tamis fin.

Vin de Champagne mousseux.

Huit bouteilles de vin blanc, une livre et demie de sucre, 1 demi-gros de semence de céleri pilée, une once de bi-carbonate de soude, 1 once d'acide tartarique ; quand tout est bien fondu, ajoutez 6 onces d'esprit-de-vin, filtrez et mettez en bouteilles.

Eau-de-vie de Cognac, par pièce.

Cinquante litres d'esprit, 2 onces de fleur de tilleul, une once de thé, une demi-once cachou brut pilé, 1 gros de rhubarbe, 1 gros de noix muscade, 1 grain et demi d'aloès succotrin ; le tout infusé pendant 8 jours, mêlé ensuite avec de l'eau de pluie, on y ajoute trois à quatre verres de jus de raisin par velte.

Limonade gazeuse, en paquets.

Une once de sucre, 1 gros de bi-carbonate de soude ; pilez ces deux substances ensemble et conservez-les dans un papier. Quand vous voulez faire de la limonade, on a dans un autre papier 1 gros de tartarique en poudre ; mêlez le tout et versez peu à peu, en la dégustant, la quantité d'eau nécessaire.

Guérison de la maladie des Chiens.

A vous, Messieurs les amateurs de la chasse, cet excellent remède, à l'épreuve et en trois jours ; à vous cultivateurs : dix centimes de sirop de nerprun (chez un pharmacien), pris en quatre fois et en deux jours ; dix centimes d'huile de riccin, une seule cuillerée à manger la soupe. Il faut forcer le chien à l'avaler (le 3e jour).

Pour ramener les vins tournés.

Soutirez votre vin ; ajoutez, par vingt litres, une demi-once de tartre ; battez bien avec une baguette de fusil propre, ou de coudrier ; bouchez bien ; laissez reposer votre barrique dans un endroit de votre cave bien frais pendant six jours.

Pour conserver, pendant 8 mois, des Raisins aussi frais que s'ils sortaient de la vigne.

Faire faire une boîte en noyer ou chêne, se fermant hermétiquement ; avoir du son de froment bien sec ; séparer des grappes de raisin tous les grains qui peuvent se gâter ; placer les graines bien sèches dans la boîte, de manière à ce que les grappes ne se touchent pas ou ne touchent pas la boîte ; placer du son au fond de la boîte (1 pouce), puis du raisin, puis du son, et terminer par du son ; serrer sa boîte dans un endroit du grenier ou de la cave frais et sec. Quand on tire du raisin, le passer à l'eau et le faire sécher, en prenant bien garde de laisser pénétrer l'air jusqu'aux autres grappes.

Pour conserver, sans qu'ils gèlent ou se gâtent, les Choux, Carottes, Pommes, Poires, Pommes de terre, Navets, Oignons, Poireaux, etc.

Faire dans un grenier ou une cave une couche de charbon de bois, et y enfourner ce qu'on veut conserver.

Cirage et entretien supérieur des Harnais.

Faites saigner un cheval ; une fois le sang caillé, recueillez l'eau ; quand les harnais sont sales, lavez-les avec de l'eau ordinaire ; quand ils sont secs, frottez-les avec une éponge trempée dans l'eau du sang que vous avez recueillie, et vous obtenez un lustre parfait.

On peut faire ce mastic avec de la gomme laque, bouillie et mise en bâtons ; mais le procédé est moins bon ; on fait légèrement chauffer la pièce et le mastic avant de coller.

Guérison des Cors aux pieds.

Cueillez du plantain plat, et faites-le infuser pendant vingt-quatre heures dans du fort vinaigre ; lavez-vous les pieds une fois tous les jours, et appliquez sur le cor une feuille de ce plantain.

Guérison de la Gale chez le Cheval pendant tout son poil.

Une demi-livre de tabac à fumer, 2 litres de lait ; vous faites bouillir le tout ensemble ; vous frottez, de

ce mélange chaud, le cheval (pendant trois fois le
même mélange peut servir) et vous obtenez guérison
complète et un poil nouveau, frais et luisant.

Pour empêcher le Lait d'aigrir.

Il suffit d'une cuillerée de raifort sauvage en poudre
dans une terrine de lait.

Destruction des Rats, Souris, Taupes, etc., sans poison.

Prenez une certaine quantité d'éponges; coupez-les
en petits mo·ceaux; faites-les frire sur la poêle avec
de la graisse de cochon; semez-les dans les endroits
hantés par les rats.

Vernis pour les Meubles.

Une livre d'essence de térébentine, une livre de cire
jaune que vous faites fondre dans une casserole; quand
elle est fondue, en la retirant du feu, versez avec pré-
caution la térébenthine; ajoutez 20 centimes de bois
d'orcanette; mélangez ensemble; frottez-en les meubles.

Pour la destruction des Punaises.

Une livre de colle de poisson; vous la faites bouillir
dans 5 litres d'eau; quand elle est bien cuite, vous
prenez un pinceau et en imbibez les endroits où il y a
des punaises. Cette préparation ne porte aucun pré-
judice aux meubles.

Vernis pour les Meubles.

Chez un épicier, argançon bien clair et rouge si l'on
peut, une livre d'essence de térébenthine; pilez
l'argançon et mettez sur le feu tout ensemble, dans
un vase de terre solide, à petit feu et sans flamme;
quand tout est dissous, tirez du feu et mêlez-y une
cuillerée d'esprit-de-vin, plus une demi-cuillerée
d'huile d'olive ou de lin; tirez à clair dans un linge.
Employez sur les meubles le mélange chaud avec un
pinceau. Il ne faut pas qu'il bouille.

Moyen de guérir les Fièvres en 9 jours.

Cueillir du plantain long à 5 côtes ; en faire bouillir, dans un demi-litre d'eau, une poignée, que l'on réduit de moitié par la cuisson ; prendre cette moitié en boisson au moment où la fièvre commence ; prendre cette potion pendant neuf jours.

Guérison de la Syphilis.

Pour guérir un syphilitique (atteint de mal vénérien), il suffit d'un panier de cresson que vous pilez ; vous en tirez le jus dans un verre, que vous buvez chaque matin.

Manière de guérir le mal d'yeux.

Pilez des marguerites, retirez-en le suc par un linge ; placez-en dans les yeux avec une plume.

Guérison des pertes de femmes.

Faire bouillir des feuilles de cassis dans de l'eau et en faire sa boisson ordinaire.

Contre un cancer extérieur.

L'application sur la plaie d'un crapaud vivant tous les 24 heures ; quand le dernier crapaud est mort, en remettre un autre ; s'il reste vivant, le cancer n'existe plus ; laver les chairs et la plaie avec du fort vinaigre pendant 3 jours ; une heure après, avec de l'eau fraîche.

MÉDECINE DES PAUVRES.

RECETTE *contre la démangeaison des paupières.* — Prenez une once de vin blanc, une once d'eau de rose, une graine d'aloès pulvérisée ; mêlez bien le tout ensemble et trempez dans cette liqueur de petits linges fins que vous appliquerez sur les yeux.

Contre la surdité, maladies d'oreilles. — Prenez du jus de choux une once, vin clairet une once ; mêlez le tout ensemble, faites chauffer cette liqueur, et vous y imbiberez du coton que vous appliquerez dans l'oreille.

REMÈDE *contre la douleur des dents.* — Ayez du bois de frêne, ôtez-en la première écorce, faites brûler la seconde, et mêlez-en la cendre dans un peu d'eau-de-vie avec laquelle vous la mêlerez bien, ensuite vous en formerez un cataplasme que vous appliquerez sur la tempe du côté malade.

Remède contre le mal d'estomac. — Quand se sont des pesanteurs d'estomac, des indigestions, des douleurs et des plénitudes qui procèdent de trop de crudité, le remède le plus facile et le plus prompt est de prendre trois grains entiers de poivre noir et les avaler comme on avalerait des pilulles, ayant soin de ne rien prendre que quatre ou cinq heures après.

Remède infaillible contre les dartres farineuses. — Pour les faire disparaître, il faut chaque matin mâcher du myrthe, et de la salive, vous en frotterel zes dartres.

Laurier — La poudre des baies de laurier très-subtile, mêlée avec l'huile et le vinaigre, est bonne pour frotter la tête des enfants, et tuer les vers, au rapport de Ecrocherue.

Les feuilles de laurier, mâchées pendant les douleurs de l'accouchement, avancent le travail.

Remède de baume vert contre les panaris. — Prendre une once de résine, une once de cire, une once de suif, de saindoux, pour deux sous d'huile d'olive, pour trois sous de vert-de-gris, faire fondre le tout dans un pot.

Remède contre les abcès. — Prendre pour un sou de savon et deux sous de crême; faire fondre le savon dans un pot neuf.

Recettes pour les coups et chutes. — Il faut prendre une poignée de verveine et la broyer, lui ajouter une poignée de sel et trois blancs d'œuf, en faire un emplâtre et l'appliquer sur la partie attaquée.

Recette contre la gale. — Deux onces de tabac à priser, deux onces de litharge, pour deux sous de fleur de souffre, pour deux sous d'essence de thérébenthine, mettre le tout à bouillir dans un litre de vinaigre blanc et le faire réduire à un demi-litre, et s'en frotter.

Recette contre les dartres vives. — Il faut prendre un œuf, une poignée de suie de cheminée, une poignée de sel, et déposer ceci dans deux verres de vinaigre blanc, laisser infuser l'œuf pendant quarante-huit heures et le retirer, et s'en frotter soir et matin

Recette contre les hémorrhoïdes. — Prendre pour deux sous de suif de chandelle, deux sous de saindoux, un sou d'huile d'olive, trois bouchons de liège que vous ferez brûler, et vous mettrez la cendre dedans, et l'on s'en frotte la partie malade.

Enrouement. — Prenez deux ou trois gousses d'ail pelées, pilez les avec de la graisse de porc fondue en forme d'onguent, dont vous frotterez vos pieds le soir en vous couchant, après les avoir chauffés, et vous les envelopperez de linge chaud; et le lendemain l'enrouement sera passé.

Remède pour la guérison des vieilles plaies. — Faites fondre ensemble deux onces de beurre frais non lavé, ou autant de vieux lard avec deux onces de cire jaune neuve, en remuant sur un petit feu; étant bien incorporée, retirez le vaisseau du feu, et y filez en remuant deux onces de thérébenthine, et continuez de remuer jusqu'à ce que le tout soit froid.

Remède pour les coupures. — Prendre des feuilles de sang de dragon, les piler et les mettre sur la coupure; cette feuille est à peu de chose semblable à celle de la betterave, la différence est qu'elle est plus petite.

De la composition du cérat. — Mettez une demi-once d'huile d'olive, une demi-once de cire blanche, une demi-once de saindoux.

Remède pour détruire les vers des enfants. — Prenez une tête d'ail, pilez-la avec deux sous de graisse de porc, faites-en un emplâtre, que vous appliquerez sur le nombril de l'enfant en le mettant au lit.

Remède contre la migraine. — Lavez une poignée de racine de patience, faites-la bouillir dans deux pintes d'eau, laissez réduire à moitié, passez la décoction dans un linge et buvez.

Remède pour la brûlure. — Étendez de l'onguent de populeum sur du papier gris, et appliquez-le sur la place.

LA VAPEUR

ET SES REMABQUAABLES APPLICATIONS.

La vapeur produite par 36 litres de charbon consommés d'une manière convenable peut élever à 0^m,325 de haut un poids de 35 millions de kilogrammes : c'est l'effet moyen d'une machine à feu qui est, depuis un grand nombre d'années, en activité dans une mine du comté de Cornouailles. Nous allons voir à quoi cela équivaut dans la pratique.

L'ascension du Mont-Blanc, en partant de la vallée de Chamouny, ne peut être faite par un homme vigoureux en moins de deux jours. La combustion d'un kilogramme de charbon le porterait en un instant au sommet. On a calculé, il est vrai, que la journée d'un homme équivaut environ à deux kilogrammes de charbon; mais l'extrême difficulté de cette ascension ne tient pas seulement à la hauteur.

Le pont de Menai, construit par le célèbre Telford, est un des ouvrages les plus étonnants que la main de l'homme ait élevés dans les temps modernes. Il est formé d'une masse de fer qui ne pèse pas moins de deux millions de kilogrammes; il est suspendu à une hauteur moyenne d'environ quarante mètres au dessus du niveau de la mer. Il eût suffi de 254 litres de charbon pour l'élever à ce point.

La grande pyramide d'Egypte est construite en granit. Elle a 230 mètres de côté à sa base, 170 de hauteur perpendiculaire, et couvre 145 hectares de surface. Son poids est donc de 6,380 millions de kilogrammes, en prenant pour hauteur moyenne 42 mètres. Il aurait par conséquent suffi, pour l'élever de 836 hectolitres de charbon, quantité que l'on consomme en une semaine dans plusieurs fonderies.

La consommation annuelle de charbon de la ville de Londres est évaluée à 10,620,000 hectolitres. La puissance que développe la combustion de cette quantité de combustible, pourrait élever un cube de marbre de 700 mètres de côté, à une hauteur égale à ce même côté; ou en d'autres termes, suffirait pour placer l'une sur l'autre deux montagnes qui auraient pour dimensions celles de ce bloc. Le Monte-Nuovo, près de Pouzolles, qu'à vomi le Vésuve en une seule nuit, serait élevé, par un effort semblable, à 13,000 mètres.

Il faut remarquer de plus que, dans ces exemples, la puissance du charbon n'est pas encore estimée à sa valeur réelle. Les ingénieurs n'ont pas la prétention d'être arrivés à toute l'économie possible du combustible, ou d'avoir obtenu tout l'effet qu'il peut produire.

FRATRICIDE.

Un cultivateur aisé de la commune de Saint-Martin Osmonville, canton de Saint-Saens (Seine-Inférieure), vient d'être arrêté sous la prévention d'un crime, heureusement fort rare dans les campagnes. Cet homme s'était chargé de son beau frère qui jouissait d'une rente de 8 à 900 francs. La sœur de ce dernier, qui avait demandé à plusieurs reprises à voir son frère, se lassa de n'être accueillie que par des refus, et s'adressa au maire de Saint-Martin. Une perquisition fut opérée: l'on trouva couché, sous un monceau de poussière fangeuse, provenant de la paille que l'on avait mise sous lui, un squelette entièrement nu, mangé par la vermine, ayant une longue barbe tombant jusqu'à la ceinture et chargé de chaînes. La séquestration de ce malheureux, auquel, pour toute nourriture, on donnait du pain trempé dans l'eau, et que l'on frappait violemment quand il osait se plaindre, remonte, assure-t-on, à deux années.

INONDATION DE LA LOUISIANE.

La ville de la Nouvelle-Orléans semble être menacée de disparaître sous les eaux. On sait qu'elle se bâtie sur un terrain plus bas de 5 pieds que le niveau du Mississipi, ce qui rend la ville si humide et engendre le terrible fléau de la fièvre jaune qui fait tant de ravages.

Le 8 de ce mois une énorme tranchée a été ouverte par la force des eaux, et sa largeur n'a fait que s'accroître malgré les travaux qu'on a fait immédiatement pour arrêter l'inondation.

L'Abeille de la Nouvelle Orléans, du 10, publie les détails suivants :

« Les travaux entrepris pour arrêter la crevasse set poursuivent avec une grande activité. Un ouvrage de pilotis enferme déjà presque tout le demi-cercle de la brèche, moins une trentaine de pieds. On se demande cependant avec inquiétude si le revêtement une fois terminé ne cédera pas sous l'énorme pression des eaux qui se précipitent par une ouverture de 150 175 pieds, et forment une sorte de cataracte. Nous espérons néanmoins que l'on réussira à opposer une barrière aux eaux, avant qu'elles n'envahissent les faubourgs de la ville.

» Une grande partie de la seconde municipalité, dans le voisinage du nouveau canal, est déjà inondée. Les rues Droades, Hercules et Benton sont navigables ; il y a dans cette dernière rue près de deux pieds d'eau. De l'extrémité de la rue Julie, jusqu'à l'origine du chemin à Coquilles, l'eau gagne lentement. Le nouveau canal coule à pleins bords ; il ne suffit plus à déverser le trop plein des Cyprières dans le lac. On travaille à élever la levée de ce canal du côté de la ville. Bouligny et le chemin de fer de Carollion, entre ce dernier village et Lafayette, sont sous l'eau. »

Une dépêche télégraphique transmet aux journaux de New-York les nouvelles suivantes du 15 :

« La crevasse par laquelle les eaux du Mississipi ont pénétré dans la seconde municipalité ne peut être bouchée. Les rues sont entièrement submergées, et l'inondation s'avance d'une manière menaçante. Les habitants se réfugient au troisième étage de leurs maisons ; abandonnent leurs demeures. On compte environ trois cents maisons entourées par les eaux. Plusieurs ouvriers employés aux travaux de crevasse sont morts des atteintes du choléra. »

3307. — Nantes, Imprimerie de Ch. Gailmard.